Saskia Jungmann

Analyse und Darstellung des Bruderkonfliktes im Sturm und Drang anhand des Werkes "Die Räuber" von Friedrich Schiller

GRIN Verlag

Bibliografische Information der Deutschen Nationalbibliothek:

Die Deutsche Bibliothek verzeichnet diese Publikation in der Deutschen National-
bibliografie; detaillierte bibliografische Daten sind im Internet über http://dnb.d-
nb.de/ abrufbar.

Impressum:

Copyright © 2013 GRIN Verlag GmbH
Druck und Bindung: Books on Demand GmbH, Norderstedt Germany
ISBN: 978-3-656-84920-9

Dieses Buch bei GRIN:

http://www.grin.com/de/e-book/284935/analyse-und-darstellung-des-bruderkonflik-
tes-im-sturm-und-drang-anhand

Friedrich-Schiller-Universität-Jena

Institut für Germanistische Literaturwissenschaft

Seminar: Sturm und Drang

Modul: NDL I

WS 2012/2013

ANALYSE UND DARSTELLUNG DES BRUDERKONFLIKTES IM STURM UND DRANG ANHAND DES WERKES „DIE RÄUBER" VON FRIEDRICH SCHILLER

Saskia Jungmann

Lehramt RS Germanistik, Geschichte

Inhaltsverzeichnis

1. Einleitung 3

2. Die Räuber – ein typisches Werk des Sturm und Drang? 4

3. Der Bruderkonflikt zwischen Franz und Karl als Prämisse der Handlung 6

   3.1 Franz von Moor – der „hölzerne Alltagsmensch" 7

   3.2 Karl von Moor – der „feurige Geist" 9

   3.3 Die „ähnlich-unähnlichen" Brüder – Parallelität zwischen Karl und Franz 12

   3.4 Die Entfaltung des Konflikts – „Dialektik der Extreme" 14

4. Fazit 20

5. Literaturverzeichnis 22

1. Einleitung

„Das Theater glich einem Irrenhaus, rollende Augen, geballte Fäuste, stampfende Füße, heisere Aufschreie im Zuschauerraum! Fremde Menschen fielen einander schluchzend in die Arme, Frauen wankten, einer Ohnmacht nahe, zur Türe. Es war eine allgemeine Auflösung, wie im Chaos, aus dessen Nebeln eine neue Schöpfung hervorbricht!"[1]

Dieser Augenzeugenbericht der Uraufführung von Schillers „Räubern" am 13. Januar 1782 in Mannheim lässt erahnen, welche immense Wirkung das Stück auf sein Publikum hatte. Die Menschen lieben das Stück, welches in fünf Akten rasant die tragische Geschichte des alten Grafen Moor und seiner beiden Söhne Franz und Karl erzählt. Zur Vorlage seines Stückes diente Schiller wahrscheinlich C.F.D. Schubarts Erzählung *Zur Geschichte des menschlichen Herzens*, die 1775 im Schwäbischen Magazin veröffentlicht wurde.[2]

Das konfliktbefangene Verhältnis der beiden Brüder soll auch das Thema dieser Arbeit sein, in welcher der Bruderhass als typische, beliebte Handlungsexposition des Sturm und Drang an ihrem Beispiel untersucht wird. Die konträren und dennoch in einigen Punkten analogen Charaktere des jüngeren Bruders Franz und seines älteren Bruders Karl bilden die Grundlage für den Konflikt der zwischen ihnen besteht und der gleichzeitig den Handlungskonflikt des Dramas ausmacht.

Zunächst gilt es zu klären, ob man sich der *Räuber*, erstmals 1781 veröffentlicht, überhaupt als Drama des Sturm und Drang annehmen kann. Weiterhin sollen die beiden Protagonisten genauer charakterisiert werden, um anschließend auf deren Konflikt als Prämisse der Handlung einzugehen. Dabei sollen sowohl die Ursachen, die Entfaltung sowie das katastrophale Ende des Bruderkonfliktes zwischen Karl und Franz diskutiert werden.

---

[1] Sautermeister, Gert: Die Räuber. Ein Schauspiel (1781). In: Luserke-Jaqui, Matthias (Hrsg.): Schiller-Handbuch. Leben- Werk- Wirkung. Stuttgart: Metzler 2005, S. 8
[2] Sautermeister, Gert (2009): Die Räuber. Ein Schauspiel, in: Kindlers Literatur Lexikon Online, http://web14.cedion.de/nxt/gateway.dll/kll/s/k0617900.xml/k0617900_020.xml?f=templates$fn=index.ht m$3.0, zitiert am 27.02.2013

2. Die Räuber – ein typisches Werk des Sturm und Drang?

Die Stürmer und Dränger reagierten auf die Missstimmung der Gesellschaft um 1770 mit der Hochschätzung der eigenen Individualität. Die Kritik an Politik, Gesellschaft, Kultur, insbesondere der Dichtkunst, sollte aktiv umgesetzt werden, das unübertroffene Genie hilft sich aus sich selbst heraus und handelt nach seiner eigene Maxime. Ihre Werke sind bestimmt durch die Suche nach dem gewissen Funken, der dem Individuum göttliche Gleichheit verschafft. Die jungen Autoren lehnen sich gegen beziehungslose, anonyme Begegnungen des zeitgemäßen Lebens auf, die sie ursächlich dafür verantwortlich machen, dass der Mensch unfähig zu individuellem Handeln ist. Sie sprechen sich gegen die fortschreitende Modernisierung der Gesellschaft und sehen in der Vergangenheit ihr Ideal menschlichen Handelns verankert: eine modifizierende Beeinflussung der Gesellschaft durch die eigenen Taten und die Formung eines eigenen Charakters.[3]

Rein chronologisch und generationsbezogen betrachtet, ist das Debüt des jungen Schiller nicht mehr in die Strömung des Sturm und Drang einzuordnen.[4] Diese Ansicht ergänzen mitunter die Argumente, dass beispielsweise die Schauplätze des Stückes, wie „Gegend an der Donau"[5] sich nicht derart exakt bestimmen lassen wie dies etwa bei Goethes *Götz* der Fall ist. Auch führen die einzelnen Szenen kein selbstständiges Dasein, sondern ergeben nur im ganzen Kontext des Stückes Sinn. Dies entspricht wiederum nicht der Shakespeareschen Methode des „Raritätenkasten", an der sich typische Stürmer und Dränger wie der junge Goethe bei seinem *Götz* orientierten.[6]

In meiner Betrachtung teile ich die Auffassung Christoph Jürgensens, dass sich das Drama durchaus als Text der Strömung des Sturm und Drang versteht. Der Autor knüpft sowohl thematisch als auch stilistisch, wenn auch radikalisierend, an programmatische Werke wie Klingers Bruder-Drama *Die Zwillinge* an, was anhand einiger Punkte belegt werden kann.[7]

---

[3] Vgl.: Hofmann, Michael: Friedrich Schiller. Die Räuber. München: Oldenbourg Verlag 1996, S.33-36.
[4] Vgl.: Jürgensen, Christoph: Sturm und Drang. Göttingen: Vandenhoeck und Ruprecht 2010, S.106.
[5] Schiller, Friedrich: Die Räuber. Ein Schauspiel. Stuttgart: Reclam 2009, S.81.
[6] Vgl.: Hofmann, Michael: Friedrich Schiller. Die Räuber, S.50.
[7] Vgl.: Jürgensen, Christoph: Sturm und Drang, S.106

Die beiden Protagonisten Karl und Franz von Moor sind typische Charaktere des Sturm und Drang. Karls rebellisches und revolutionäres Potential macht ihn zu einem prototypischen „Kraftkerl" [8] der Strömung, während Franz dieser mit seinem „Originalwerk"[9] Rechnung trägt. Weiterhin wahrt *Die Räuber* wie andere Sturm-und-Drang-Dramen weder die von Gottsched auferlegte Einheit des Ortes, noch der Zeit und der Handlung und bricht daher mit bis dato regelhaften poetischen Konventionen. Die Plätze des Schauspiels wechseln von einem Gasthaus am Rand von Sachsen zwischen Räumen im Moorschen Schloss zu verschiedenen Orten in der Natur, des Weiteren erstreckt sich das Drama über etwa fünfzehn Monate. Unterbrechungen der Handlung finden sich beispielsweise zwischen den Aktionen der Räuberbande.

Die gefühlsbetonte Sprache des Dramas vermittelt dem Zuschauer ein Bild der Leidenschaft und des Pathos. Literarische Mittel zur besonderen Hervorhebung von Gefühlen und Emotionen wie Interjektionen, Inversionen und Akkumulationen sind ebenfalls typisch für den Ausdruck der Strömung des späten 18. Jahrhunderts. Ein weiteres Detail, in dem sich Elemente des Sturm und Drang widerspiegeln, ist die fünfte Szene des vierten Aktes. Karl befreit den alten Moor aus seinem Verließ, einem Hungerturm, womit an Gerstenbergs *Ugolina* und die darin enthaltenen Gruseleffekte als wirkungsästhetische Mittel angeknüpft wird.[10]

Des Weiteren inszeniert Schiller sein Schauspiel ganz nach dem Programm der Stürmer und Dränger mit einem üppigen, paratextuellen Rahmen. Das Drama präsentiert sich nicht nackt, sondern mit einer offiziellen beziehungsweise unterdrückten Vorrede, die vor der Uraufführung an das Publikum verteilt wurde und durch die sich der Autor bereits im Vorfeld positionieren konnte. Schiller betont darin im Zeichen der Stürmer und Dränger vor allem die psychologische Authentizität, die Echtheit des Stückes. Durch ungeschönte Natürlichkeit seiner Charaktere und Missachtung der aristotelischen Regelpoetik will der Autor, programmatisch für den Sturm und Drang, die Realität so abbilden, wie sie ist.[11]

---

[8] Grätz, Katharina: Familien-Bande. Die Räuber, in: Günter Sasse (Hrsg.): Schiller. Werk-Interpretationen. Heidelberg: Universitätsverlag Winter 2005, S.24.
[9] Schiller, Friedrich: Die Räuber, S.42.
[10] Vgl.: Hofmann, Michael: Friedrich Schiller. Die Räuber. München: Oldenbourg Verlag 1996. S. 49-57.
[11] Vgl.: Jürgensen, Christoph: Sturm und Drang, S.107f.

Nicht zuletzt ist auch der innerfamiliäre Konflikt der Moors ein typisches Muster der Dramen im Sturm und Drang, wie es exemplarisch bei Leisewitz *Julius von Tarent* anzutreffen ist. Begründet unter anderem durch die grundsätzliche Auflehnung der vorwiegend jungen Dichter gegen die alte Generation wird die Überheblichkeit einer oder mehrer Personen aufgrund ihrer vermeidlich gottähnlichen Eigenschaften thematisiert, die in ihrer Konsequenz das eigene Scheitern des Protagonisten nach sich zieht. Auch die Frage, welche wahren Antriebe dem Menschen seine Schaffenskraft, die ihm zu Geniestreichen verhilft, verleihen kommt zur Debatte. [12]

Schlussfolgernd kann der junge Schiller als „Spätling"[13] des Sturm und Drang markiert und sein Werk in die Tradition dieser literarischen Strömung eingeordnet werden. In meiner weitergehenden Diskussion möchte ich nun insbesondere darauf eingehen, ob und auf welche Weise das Individuum in Schillers *Räubern* mit seinen Geniestreichen und der es umgebenden gesellschaftlichen „Schnürbrust"[14] kollidiert.

3. Der Bruderkonflikt zwischen Franz und Karl als Prämisse der Handlung

Die Problematik der Familie findet sich in einem beträchtlichen Teil der Werke Schillers wieder. Auch in den *Räubern* steht die Rivalität der zwei Brüder Karl und Franz im Mittelpunkt des Dramas. Der im Sturm und Drang entflammte Konflikt zwischen Jung und Alt hat sich um Auseinandersetzungen innerhalb der eigenen Familie erweitert, denn die Söhne stehen nicht nur in Konkurrenz zueinander, sondern wettern auch auf differenzierten Wegen gegen den eigenen Vater.

Durch eine Charakterisierung der beiden Brüder werden diese als Konfliktparteien zunächst genauer untersucht, um anschließend auf der Grundlage ausgewählter Szenen darzustellen, welche Rolle ihr Konflikt für die Handlung des Dramas trägt.

---

[12] Vgl.: Buschmeier, Matthias: Einführung in die Literatur des Sturm und Drang und der Weimarer Klassik. Darmstadt: WBG Verlag 2010, S.81.
[13] ebd. S.79.
[14] Schiller, Friedrich: Die Räuber, S.24.

3.1 Franz von Moor – der „hölzerne Alltagsmensch"[15]

Die Charakterisierung des jüngeren Sohnes erfolgt in erster Linie durch dessen reflektierende Monologe (I. Akt, 1. Auftritt, II. Akt, 1. Auftritt), in denen er seine Vorhaben und Überlegungen, die sowohl philosophisch als auch anthropologisch motiviert sind, darlegt. Franz von Moor stellt den Typus des intelligenten, rationalen Bösewichts der Handlung dar.[16]

Einige Autoren setzen Franz Moor mit Shakespeares Richard III. gleich. Durchaus teilt Franz mit diesem die außergewöhnliche Hässlichkeit und das Bewusstsein darüber, seine hinterlistige Intelligenz sowie sein betrügerisches, arglistiges Handeln. Er verkörpert die Verbindung von Boshaftigkeit und Entstelltheit.[17] Franz leugnet alles Göttliche im Menschen und wertet diesen enorm ab, sieht das Dasein als ständigen Konkurrenzkampf ums Überleben. Er will sich durch den Niederwurf anderer behaupten und erheben. Das Gewissen sieht er als Gegenstand zur Einschüchterung und Kontrolle anderer und nicht zur Zügelung seiner selbst. Franz führt jegliche Tätigkeit des Menschen auf biologische, selbstsüchtige Triebe zurück.

Diese Ansichten bezieht er auch auf seine Familie. Verwandtschaftliche Zuneigung existiert für ihn nicht, da er in der Beziehung von Geschwistern und Eltern nur das Resultat biologischer Mechanismen sieht:[18]

„Das ist dein Bruder! – das ist verdolmetscht; Er ist aus eben dem Ofen geschossen worden, aus dem du geschossen bist – also sei er dir heilig! (…) Aber weiter – es ist dein Vater! er hat dir das Leben gegeben, du bist sein Fleisch, sein Blut – also sei er dir heilig! Ich möchte doch fragen, warum hat er mich gemacht? doch wohl nicht gar aus Liebe zu mir, der erst ein Ich werden sollte? Hat er mich gekannt, ehe er mich machte? Oder hat er mich gedacht, wie er mich machte? Oder hat er mich gewünscht, da er mich machte? Wußte er, was ich werden würde? (…) Wo steckt denn nun das Heilige? Etwa im Actus selber, durch den ich entstund? – Als wenn dieser etwas mehr wäre, als viehischer Proceß zur Stillung viehischer Begierden?"[19].

Michael Hofmann sieht als Ursache für Franz' zynische, ablehnende Haltung gegenüber der Familie ein Sozialisationsdefizit, das durch die verweigerte Liebe des Vaters und dessen Hinwendung zu seinem Erstgeborenen provoziert wurde.

---

[15] Schiller, Friedrich: Die Räuber, S.16.
[16] Vgl.: Golz, Jochen: Der mäandrische Weg des Karl Moor. Die Räuber, in: Hans-Dietrich Dahnke (Hrsg.): Schiller. Das dramatische Werk in Einzelinterpretationen. Leipzig: Reclam 1982, S.10.
[17] Vgl.: Karthaus, Ulrich: Sturm und Drang. Epoche-Werk-Wirkung. München: Beck Verlag 2007, S.127.
[18] Vgl.: Grätz, Katharina: Familien-Bande, S.19-23.
[19] Schiller, Friedrich: Die Räuber, S.21.

Durch fehlende Zuneigung konnte sich weder ein Urvertrauen in die Welt, noch ein gesundes Selbstbewusstsein ausbilden. Auch das Nichtvorhandensein einer Mutter als Bezugsperson, welche die verweigerte väterliche Liebe hätte kompensieren können, beeinträchtigte die kindliche Entwicklung. Aufgrund dieser Gegebenheiten hat sich Franz einer Denkkonstruktion angenommen, die nur auf sich selbst und den eigenen Verstand vertraut.[20]

In dieser familiären Misere liegt auch der Hass gegen seinen Bruder Karl begründet. Sich als Zweitgeborener ständig im Schatten dessen stehend sehen, hat er starke Neidgefühle entwickelt. Letztendlich steht hinter seinem Bruderhass neben seinem Minderwertigkeitskomplex das Verlangen, selbst auch vom Vater bedingungslos geliebt zu werden.[21] Sein Handeln ist folglich zielgerichtet darauf aus, zunächst seinen Bruder und schließlich seinen Vater als oberste Instanz der ihm widerfahrenen Ungerechtigkeit zu beseitigen und sich gleichzeitig zum Herrscher empor zu heben. Im gleichen Zug folgt er seinen ausgeprägten Materialismus, indem er sich, durch den vermeidlichen Tod des Vaters am Ziel, als habgieriger, tyrannischer Despot an seinen Untertanen bereichert:

„– In meinem Gebiet soll's so weit kommen, daß Kartoffeln und dünn Bier ein Tractament für Festtage werden, und wehe Dem, der mir mit vollen, feurigen Backen unter die Augen tritt! Blässe der Armuth und sklavischen Furcht sind meine Leibfarbe; in diese Liverei will ich euch kleiden!"[22].

Nicht zuletzt ist Franz jedoch wie sein Bruder ein Spross des Sturm und Drang. Seine ichbezogenen Genius-Avancen finden in seinem Plan, seinem *„Originalwerk"*[23], Anwendung. Franz dreht mit seinem *„Erfindungs-Geist"*[24] eine gottähnliche Schöpfungskraft in eine totale Destruktion um, indem er seine modernen medizinisch-psychologischen Kenntnisse zu dem widerwärtigen Zweck missbraucht, seinen Vater ins Grab zu befördern, was wiederum im Zeichen seines abgestumpften, selbstsüchtigen Charakters steht.[25] Franz von Moor vereinigt in sich Egoismus und Rationalität in höchster Perfektion.

---

[20] Vgl.: Hofmann, Michael: Friedrich Schiller. Die Räuber, S.61-63.
[21] Vgl.: Grätz, Katharina: Familien-Bande, S.31.
[22] Schiller, Friedrich: Die Räuber, S.56.
[23] ebd. S.42.
[24] edb. S.20.
[25] Vgl.: Grätz, Katharina: Familien-Bande, S.22-24.

3.2 Karl von Moor – der „feurige Geist"[26]

Der Protagonist des Dramas soll mit seinem radikalen, heldenhaften Profil beim Zuschauer sowohl Begeisterung für, als auch Distanzierung zu seinem Charakter erregen.[27]

Dafür sprechen vor allem die Eigenschaften, die Karl zu Beginn des Stückes durch seinen Bruder beziehungsweise Vater zugeschrieben werden. Franz gibt im ersten Auftritt die Worte seines Vaters wieder, der Karl für einen:

„… warmen Freund eines Freundes, (…) eine(n) treflichen Bürger, (…) eine(n) Helden, (…) eine(n) großen großen Manne…"[28] hält.

Sein Bruder Franz hingegen stellt ihn in ein negatives Licht. Durch seine Intrige geleitet versucht er, Karls tugendhafte Eigenschaften wie das Verlangen nach autonomem Handeln, sein geistiges Potential, seine Moralität und sein Gerechtigkeitsbewusstsein ins Gegenteil zu verkehren:[29]

„Seht diese Offenheit, wie hübsch sie sich zur Frechheit herumgedreht hat, (…)! Seht dieses feurige Genie, wie es das Oel seines Lebens in sechs Jährgen so rein weggebrannt hat, (…)! Seht doch diesen kühnen unternehmenden Kopf, wie er Plane schmiedet und ausführt, vor denen die Heldenthaten eines Kartouches und Howards verschwinden!"[30]

Der erstgeborene Sohn Karl repräsentiert den Typus des enorm selbstbewussten, starken und rohen Stürmers und Drängers. Das Kraftgenie will sich als Individuum frei entfalten, auch entgegen jeder Gesetze, die ihn daran hindern[31]:

„Ich soll meinen Leib pressen in eine Schnürbrust, und meinen Willen schnüren in Gesetzte. (…) Das Gesetz hat noch keinen großen Mann gebildet, aber die Freyheit brütet Koloße und Extremitäten aus."[32]

Mit diesen Eigenschaften tradiert auch seine rebellische, mit metaphorischen Kraftausdrücken wie „Kastraten-Jahrhundert"[33] gespickte Wortwahl, die besonders in Momenten der Emotion oder Kritik, wie der Ansprache in der Gaststätte[34], Anwendung findet. Typisierend finden sich darin auch Parolen des Sturm und Drang, „Kraft",

---

[26] Schiller, Friedrich: Die Räuber, S.15.
[27] Vgl.: Buschmeier, Matthias: Einführung in die Literstur des Sturm und Drang, S.79.
[28] Schiller, Friedrich: Die Räuber, S.16.
[29] Vgl.: Golz, Jochen: Der mäandrische Weg des Karl Moor, S.23.
[30] Schiller, Friedrich: Die Räuber, S.16.
[31] Vgl.: Jürgensen, Christoph: Sturm und Drang, S.113.
[32] Schiller, Friedrich: Die Räuber, S.24.
[33] ebd. S.23.
[34] Schiller, Friedrich: Die Räuber, S.24.

„*gesunde Natur*", „*Herz*", „*Freyheit*"[35], die sein Charakterbild unterstreichen. Als Anhaltspunkt für Karls Natur ist mitunter die Orientierung an seinen antiken Vorbildern, wie Alexander dem Großen, zu nennen. Die Bevorzugung dieser Epoche vor der eigenen begründet Karl damit, dass sein Ideal der Größe vor allem zu dieser Zeit in den Menschen Verwirklichung fand.

Die Figur Karls pendelt in ihren Reflexionen von Beginn an zwischen Rebellion und Melancholie, man könnte sie als „eine Mischung aus Götz und Werther"[36] bezeichnen. Die Gefühle des Protagonisten schwanken ständig zwischen dem Verlangen nach einer Rückkehr in die Heimat und dem unschuldigen Naturzustand und einer Auflehnung im Sinne seiner klassischen Leitbilder. Sehnt er sich etwa in seiner Reflexion nach der „*theuer bezahlten*"[37] Rettung Rollers nach dem unschuldigen Zustand der Kindheit zurück, will er sich aufmüpfig das eigene Selbstbild auch im Jenseits erhalten:

„ *Sei wie du willst, namenloses Jenseits - bleibt mir nur dieses mein Selbst getreu – Sei wie du willst, wenn ich nur mich selbst mit hinübernehme – Außendinge sind nur der Anstrich des Manns – Ich bin mein Himmel und meine Hölle.*"[38].

Die moderne Figur Karl muss sich mit einem grundlegenden Konflikt auseinandersetzen, der in der Ablehnung der gegebenen gesellschaftlichen Konventionen liegt, die ihm keine Möglichkeit der Entfaltung lassen.[39] Hier ist auch ein möglicher Kritikpunkt des Charakters Karls legitimiert. Einerseits will Karl politische Umwälzungen, andererseits sieht er zu Beginn des Dramas seine Zukunft nicht im Kampf darum, sondern „*Im Schatten meiner väterlichen Hayne, in den Armen meiner Amalia (…).*"[40]. Karls anfängliche Pläne zeigen deutlich seine im Vergleich zu Franz komplett antithetische Haltung gegenüber der Familie als stabiler Weltordnung. Zu Beginn ist diese und insbesondere sein Vater die Grundlage, über die er sich definiert, die ihm Halt gibt. Erst als Räuber Moor, als das Gerüst seiner Familie durch die Intrige seines Bruders zusammengebrochen ist, lehnt er sich aktiv gegen die Gesellschaft auf.[41] Dadurch, dass Karl Franz' Lüge für bare Münze nimmt und den Brief nicht hinterfragt, offenbaren sich naive Züge seiner Natur. Der resultierende, rein persönliche Entschluss,

---

[35] ebd. 23f.
[36] Hofmann. Michael: Friedrich Schiller. Die Räuber, S.65.
[37] Schiller, Friedrich: Die Räuber, S.67.
[38] ebd. S.112.
[39] Vgl.: Hofmann. Michael: Friedrich Schiller. Die Räuber, S.57-65.
[40] Schiller, Friedrich: Die Räuber, S.28.
[41] Vgl.: Grätz, Katharina: Familien-Bande, S.26.

Hauptmann der Bande zu werden, wird auch durch seine temperamentvolle Natur begünstigt. Seine menschliche Beschaffenheit spiegelt sich durch seine Handlungen weiterführend im Stück wieder. Karl will mit seinem Räuberleben seinen Durst nach sinnvollen Taten in Freiheit stillen und zugleich Rache an der Gesellschaft nehmen, die ihm die Rückkehr in einen harmonischen Naturzustand verweigert hat.

Im Gegensatz zum Großteil der Räuberbande, die nur *„um des Raubes willen"*[42] mordet, sieht sich Karl als *„Werkzeug in der Hand der Vorsehung"*[43]. Karl ist also durchaus der Meinung, einer Art göttlicher Führung nachzugehen. Mit Karls Selbstbild arrangiert sich auch seine eingenommene Führungsposition als Hauptmann. Er verfolgt seine Absichten als Oberhaupt sehr radikal. Sein Hauptinteresse besteht darin, das *„Gleichgewicht der Güter wiederherzustellen"*[44].

Frei nach seinem Ideal der Größe inszeniert sich Karl als Typ Robin Hood, der nicht raubt um sich selbst zu bereichern, sondern um als Helfer der Armen am Rand der Gesellschaft und Widersacher der unterdrückenden Obrigkeit aufzutreten. Karls Führungsposition zeigt, dass er sich prinzipiell an der Denkweise orientiert, die er zuvor ablehnte. Er handelt gerecht als patriarchalisches Oberhaupt und pflegt die Beziehung zu seiner Bande. Allerdings erwartet er vor ihr im Gegenzug bedingungslose Gehorsamkeit, er nutzt seine eigene *„Vater-Ordnung"*[45], um seine *„Kinder"*[46] zu führen. Er achtet auf seine neue Familie und setzt seine moralischen und ethischen Vorstellungen konsequent durch, indem er beispielsweise Schufterle mit den Worten: *„Fort Ungeheuer! Laß dich nimmer unter meiner Bande sehen!"*[47] aufgrund dessen willkürlicher Morde an Schwangeren, Kindern und *„arme(n) Poeten"*[48] verbannt oder aus Solidarität seinen Schwur ewiger Treue an die Bande leistet:

„Bey den Gebeinen meines Rollers! Ich will euch niemals verlassen."[49]. [50]

---

[42] Schiller, Friedrich: Die Räuber, S.61.
[43] ebd. S.32.
[44] ebd. S.32.
[45] Immer, Nikolas: Der inszenierte Held. Schillers dramenpoetische Anthropologie. Heidelberg: Universitätsverlag Winter 2008, S.218.
[46] Schiller, Friedrich: Die Räuber, S.70.
[47] ebd. S.68.
[48] ebd. S.68.
[49] ebd. S.84

[50] Vgl.: Grätz, Katharina: Familien-Bande, S.29.

Er ist sich bewusst, dass die Taten seiner Bande keineswegs mit einem göttlichen Sinne kongruieren, sondern diesen Willen nahezu missachten. Dies beweist auch seine Aussage im Dialog mit dem Pater, was er getan habe, werde er *„ohne Zweifel einmal im Schuldbuch des Himmels lesen."[51]* .

Letztendlich kapituliert Karl am Ende des Stückes vor dem moralischen Anspruch seines Gewissens, mit welchem sich die selbstsüchtigen Taten der Räuber nicht vereinbaren lassen. Der Hauptmann kann seine Schuldgefühle nicht tilgen und hat sein Ideal des großen, ehrenhaften Mannes, seinen *„Adlerflug"[52]* durch seine räuberischen Verbrechen verfehlt. Wie bei seinem Bruder Franz wird gezeigt, dass ein Selbstbild wie Karl es besitzt, durch unmoralisches Handeln zum Chaos führt. Seine eigene Auslieferung am Ende des Stückes als Akt der Selbstjustiz ist Ausdruck dafür, dass der geläuterte Karl wieder reuig seinen Platz in der vorgesehenen göttlichen Ordnung der Welt einnimmt.[53]

3.3 Die „ähnlich-unähnlichen"[54] Brüder – Parallelität zwischen Karl und Franz

In Schillers *Räubern* treten mit Franz und Karl zwei Figuren auf, die trotz ihrer Gegensätzlichkeit Parallelen erkennen lassen.[55] Infolge des dramatischen Geschehens, welches sich nach der kontrastreichen Charakterisierung der Protagonisten in den ersten beiden Szenen in zwei parallele Handlungsstränge aufspaltet, lassen sich immer wieder Berührungspunkte der Geschwister in ihrer Denk- und Handlungsweise ausmachen.

Bereits im ersten Akt zeigt sich ihre Verwandtheit. Als Karl nach der Ablehnung einer Versöhnung mit seinem Vater durch den gefälschten Brief einen Moment der Verzweiflung durchlebt, ist seine Position fast identisch mit der universalnegierenden seines Bruders Franz.

Gekränkt durch seine Zurückweisung lehnt er sich gegen die naturgegebene Bindung zwischen Vater und Sohn auf,[56]

---

[51] Schiller, Friedrich: Die Räuber, S.74.
[52] ebd. S.24.
[53] Vgl.: Jürgensen, Christoph: Sturm und Drang, S.113-115.
[54] Immer, Nikolas: Der inszenierte Held, S.233.
[55] Vgl.: ebd. S. 233.
[56] Vgl.: Hofmann, Michael: Friedrich Schiller. Die Räuber, S.66.

„...aber wenn Blutliebe zur Verräterin, wenn Vaterliebe zur Megäre wird, o so fange Feuer, männliche Gelassenheit, verwilde zum Tiger, sanftmütiges Lamm, und jede Faser recke sich auf zu Grimm und Verderben. "[57].

Franz hatte diese bereits zuvor in seinem ersten Monolog kategorisch abgelehnt:

„... Ich will alles um mich her ausrotten, was mich einschränkt dass ich nicht Herr bin (Anm. d. Verf.: also auch den eigenen Vater). Herr muß ich seyn, dass ich das mit Gewalt ertrotze, wozu mir die Liebenswürdigkeit gebricht. "[58].

Dass beide Brüder im Laufe des Dramas Machtansprüche erheben und gegen ein verabscheute Ordnung aufbegehren, wird bei der Lektüre des Stückes unmissverständlich klar. Damit im Zusammenhang steht vor allem die Egozentrik der Geschwister. Beide nehmen sich jeweils als besonders und äußerst individuell im Vergleich zu ihren Mitmenschen wahr.[59] Die Ichbezogenheit der Brüder ist demnach zutiefst ausgeprägt und mit ihrem egomanen Verhalten heben sie sich als Individuen hervor. Dieses schrankenlose Selbstbewusstsein motiviert sie darin, uneingeschränkte Machtstellungen einzunehmen. Karl wird alleiniger Kopf der Räuberbande und Franz bahnt sich seinen Weg zum despoten Tyrannen über die Moorsche Grafschaft.

Karl und Franz sind gleichermaßen davon überzeugt, ihre geballten Kräfte auf ein Ziel, banal gesagt die Veränderung eines bestimmten Zustandes, auszurichten. Obwohl der Weg dahin aufgrund ihrer Charaktere differenziert ausfällt, stecken beide Rückschläge ein, wie etwa Karls Selbstzweifel und Schuldgefühle nach Rollers Tod oder Franz' gescheiterter Plan, den Vater durch psychische Folter zu töten. Das Verlangen der Entfaltung der eigenen Größe wird bei beiden Brüdern durch große Umbrüche, Karl wir Räuberhauptmann, Franz Herr über die Grafschaft, verwirklicht und endet in Gewaltanwendung und Unterjochung.[60] Ihre narzisstischen Persönlichkeiten wurden nicht erfolgreich damit konfrontiert, eine Ablehnung der eigenen Wünsche und Interessen anzunehmen. Die resultierende maßlose Wut steigert sich in Hass auf die Gesellschaft, wenn die eigenen Wünsche durch andere Menschen oder bestimmte Bedingungen nicht vollends erfüllt werden.[61]

---

[57] Schiller, Friedrich: Die Räuber, S.34.
[58] ebd. S.22.
[59] Vgl.: Kaiser, Gerhard: Väter und Brüder. Weltordnung und gesellschaftlich-politische Ordnung in Schillers Werk. Leipzig: Verlag der Sächsischen Akademie der Wissenschaften 2007, S.10.
[60] Vgl.: Immer, Nikolas: Der inszenierte Held, S.231.
[61] Vgl.: Buschmeier, Matthias: Einführung in die Literatur des Sturm und Drang, S.101.

Eine weitere Analogie zwischen Karl und Franz besteht in ihrer Verknüpfung mit der Geniuskonzeption des Sturm und Drang. In diesen Zusammenhang steht mitunter die Verwendung der Metapher *„Schneckengang"*. Beide Geschwister verwenden diese, um die Beschaffenheit einer Sache zu verteufeln.[62] Karl protestiert damit während seiner Rede im Wirtshaus gegen die Stagnation in der Gesellschaft: *„...Das Gesetz hat zum Schneckengang verdorben, was Adlerflug geworden wäre."* [63], während Franz die Langsamkeit der Natur in Bezug auf die Langlebigkeit seines Vaters missfällt: *„...Soll sich mein hochfliegender Geist an den Schneckengang der Materie ketten lassen?"* [64].

Schlussfolgernd ist festzustellen, dass Karls und Franzs entartetes Verhältnis zur Realität zur Sucht nach Macht und Unterdrückung wird. Die negativen charakterlichen Auswucherungen der Figuren sind Reaktionen auf das verletzte Grundvertrauen in die Welt, das wiederum der gestörten Beziehung zum Vater zollt. Folglich nehmen sich die Brüder eines Musters an, dass ein Zusammenleben mit anderen Menschen scheitern lässt.[65]

3.4 Die Entfaltung des Konflikts – „Dialektik der Extreme"[66]

Ausgehend von der Untersuchung der Konzeption der beiden Brüder, die die „geistige Grundlage"[67] des Stückes bildet, möchte ich nun versuchen zu analysieren, worin die Ursachen ihres Konfliktes begründet liegen und dessen Entwicklung darlegen.

Karl wird im Stück eindeutig als *„Schooskind"*[68], als Liebling des Vaters vorgestellt. In seinem Wesen stellt er für Maximilian Moor den idealen Nachfolger dar, von dem er *„goldene Träume"*[69], sowohl auf politischer als auch auf menschlicher Ebene hat. Auch die Beziehung zu seinem Bruder Franz scheint nicht gestört, denn nichts dergleichen wird zu Beginn des Stückes ausgesagt. Offensichtlich hat Karl also nicht im Geringsten einen Grund, ein Unbehagen gegen seine Familie auszubrüten. Allerdings

---

[62] Vgl.: Grätz, Katharina: Familien-Bande, S.24.
[63] Schiller, Friedrich: Die Räuber, S.24.
[64] ebd. S.42.
[65] Vgl.: Hofmann, Michael: Friedrich Schiller. Die Räuber, S.71.
[66] Wenzel, Stefanie: Das Motiv der feindlichen Brüder im Sturm und Drang. Frankfurt am Main: Verlag Peter Lang 1993, S.124.
[67] ebd. S.124.
[68] Schiller, Friedrich: Die Räuber, S.20.
[69] ebd. S.15.

begehrt der Student Karl in Leipzig reichlich auf, versucht sich an zahlreichen „Narrenstreichen"[70]. Hierbei bildet natürlich auch sein ungestümes Wesen, seine Stürmer-und-Dränger-Natur, eine treibende Kraft. Durch dieses Verhalten zeigt sich, dass ihm sein Vater zwar genügend Liebe und Zuwendung entgegen gebracht hat, es jedoch an autoritärem Auftreten mangelte. Der Älteste wurde zu liebend, zu freigiebig erzogen. An keinem seiner ausufernden Streiche hinderte ihn ein Gedanke an die väterliche Autorität, ihm mangelt es schlichtweg an Grenzen.

Der von der *„parteylichen"* Natur mit eines *„Lappländers Nase"*, einem *„Mohrenmaul"* und *„Hottentotten Augen"*[71] abgestrafte jüngere Franz neidet, wie bereits in seiner Charakterisierung erwähnt, seinem Bruder Karl dessen Erstgeborenenrecht sowie äußerliche Beschaffenheit. Seine resultierende Enttäuschung hat sich in Missgunst und ein Bedürfnis nach Vergeltung gewandelt, aus welchem, gepaart mit seinem rational abgeklärtem Wesen, der tief greifende Hass auf seinen Bruder und demzufolge seine Intrige geboren ist. Dies liegt darin begründet, dass Franz die Familie nicht als etwas moralisch Wertvolles, sondern nur als biologische Konsequenz des menschlichen Fortpflanzungsmechanismus ansieht.[72] Sowohl seine menschliche Beschaffenheit, als auch sein Vorhaben sind einzig der Tatsache geschuldet, dass Franz durch die Zurückweisung seines Vaters der Moral der Familie entsagt hat.[73] Franz' Bruderhass liegt wie Karls ausuferndes Verhalten in der Misere eines schwachen Vaters begründet.

Der Bruderkonflikt der Moors impliziert als Ursache die „Vaterkatastrophe"[74] ihrer Familie.[75] Der alte Graf von Moor, der alleiniger Vertreter der familiären Ordnung ist, denn eine Mutter wird nur einmal am Rande vom Diener Daniel erwähnt, seiner Rolle als autoritärer und liebender Vater nicht gerecht.[76] Bereits in der Erziehung seiner Kinder zeigt sich seine Autoritätslosigkeit.

Er lobt Karls aufbegehrenden Charakter, lässt ihm allerdings zu viel Freiheit, duldet das chaotische Studentenleben seines älteren Sohnes schon längere Zeit, obwohl er andere

---

[70] Schiller, Friedrich: Die Räuber, S.24.
[71] ebd. S.20.
[72] Vgl.: Golz, Jochen: Der mäandrische Weg des Karl Moor, S.18.
[73] Vgl.: Sautermacher, Gerd: Die Räuber. Ein Schauspiel, Kindlers Literatur Lexikon Online.
[74] Kaiser, Gerhard: Väter und Brüder, S.6.
[75] Vgl.: ebd. S.7.
[76] Vgl.: Hofmann, Michael: Friedrich Schiller. Die Räuber, S.69.

Pläne mit ihm hat. Seinem Sohn Franz bringt er nicht dieselbe Zuneigung entgegen wie seinem Erstgeborenen, was fatale Folgen hat.[77] Er tritt bereits in der ersten Szene instabil und entscheidungsschwach auf, für Franz ist es ein Leichtes, ihm auf der Nase herumzutanzen.[78] Er sieht unbewusst, über die charakterlichen Fehltritte seines jüngeren Sohnes hinweg. Maximilian zweifelt nicht an dem gefälschten Brief, den ihm Franz unterschiebt und erteilt ihm weiterhin das Recht, die Antwort an Karl alleine zu verfassen. Er sieht in dieser Handlung kein Risiko, worin sich seine Naivität als weitere Schwäche entpuppt.[79] Es ist demzufolge festzuhalten, dass als Ursache des Konfliktes beider Brüder mit sich selbst und zueinander der weichliche Charakter ihres Vaters und seine schwachen Konzeption auszumachen ist.[80]

Die Exposition des Konfliktes erfolgt einseitig durch Franz. Er hat den Brief Karls, in dem er seinen Vater um Vergebung bittet, abgefangen und trägt dem alten Moor stattdessen ein eigens, mit ganzem „Witz"[81] verfasstes Schreiben vor, das Karl als Schurken mit maßlosen Verfehlungen ausweist:

„Gestern um Mitternacht hatte er den großen Entschluß, nach vierzig tausend Dukaten Schulden (...) nachdem er die Tochter eines reichen Banquiers allhier entjungfert, und ihren Galan (...) im Duell auf den Tod verwundet mit sieben anderen, die er mit in sein Luderleben gezogen dem Arm der Justiz zu entlauffen"[82].

Hinter dieser Tat steht die Absicht, Karl *„vom Herzen des Vaters los zu lösen"[83]* und seinen Platz in der Erbfolge einzunehmen. Bereits zu diesem Zeitpunkt hat Franz seinen zweiten Plan, mit *„Gram auch den Alten (Anm. d. Verf.: seinen Vater) bald fort(zu)schaffen"[84]*, entworfen, was auf seine weiteren Vorhaben hinweist. Durch die Lüge seines Bruders losgetreten, erhält Karl die verfälschte Antwort seines Vaters, die ihm eine Rückkehr ins heimische Schloss versperrt. Von Enttäuschung, Unverständnis, Karl vergleicht seinen Vater mit einem Raubtier:

---

[77] Vgl.: Immer, Nikolas: Der inszenierte Held, S.214.
[78] Vgl.: Grätz, Katharina: Familien-Bande, S.13.
[79] Vgl.: Immer, Nikolas: Der inszenierte Held, S.216.
[80] Vgl.: ebd. S.213.
[81] Schiller, Friedrich: Die Räuber, S.16.
[82] ebd. S.14f.
[83] ebd. S.20.
[84] ebd. S.20.

„Warum ist dieser Geist nicht in einen Tyger gefahren, der sein wütendes Gebiß in Menschenfleisch haut? Ist das Vatertreue? Ist das Liebe für Liebe? [85]*,* und Verzweiflung gebeutelt trifft Karl den Entschluss, mit seiner Vater-Welt zu brechen[86] und Kopf der Räuber zu werden:[87]

„Siehe, da fällt's wie der Staar von meinen Augen, was für ein Thor ich war, daß ich ins Käficht zurück wollte! – (…)Menschen haben Menschheit vor mir verborgen, da ich an Menschheit appellierte, weg denn von mir, Sympathie und menschliche Schonung! – Ich habe keinen Vater mehr, ich habe keine Liebe mehr, und Blut und Tod soll mich vergessen lehren, daß mir jemals etwas theuer war!(…) – es bleibt dabei, ich bin euer Hauptmann!" [88]

Der Bruderkonflikt hat mit dem Aufgehen der Briefintrige Franzens seinen ersten Höhepunkt erreicht. Karl hat mit der Familie gebrochen und die Lebensgeister des Vaters werden schwächer. Festzuhalten ist, dass sich Karls Wut zu diesem Zeitpunkt nicht gegen Franz, dessen Schuld er sich noch nicht bewusst ist, sondern gegen seinen Vater richtet. Der Konflikt des jüngeren Franz ist jedoch mit diesem Zustand noch nicht getilgt. Da er seine tyrannische Herrschaft vollkommen entfalten will, formt er den zweiten Teil seiner Intrige aus. Dieser richtet sich vor allem gegen seinen Vater, der ihm als *„zäher Klumpen Fleisch"* [89] nicht schnell genug den Tod findet. Durch das von Franz geplante Vorhaben des Vatermordes findet der Konflikt seinen zweiten Höhepunkt. [90] Der abgestumpfte Franz verspricht sich aus der Botschaft eines angeblichen Todes des Lieblingssohnes durch das Zusammentreffen der altersbedingten Schwäche seines Vaters und der psychischen Qual, ausgelöst durch den *„Furientrupp"* [91] der Verzweiflung über den Verlust des Kindes, dessen raschen Tod. Tatsächlich scheint Franz Abwägung ihre Wirkung zu erfüllen, denn nach der Nachricht des angeblichen Todes Karls reagiert der Vater *„gräßlich schreyend, sich die Haare ausraufend"* [92] und *„sein Gesicht zerfleischend"* [93] und verfällt schließlich in eine Ohnmacht, die Franz für seinen Tod hält. [94] Franz scheint durch seine aus Neid

---

[85] Schiller, Friedrich: Die Räuber, S.34.
[86] Vgl.: Golz, Jochen: Der mäandrische Weg des Karl Moor, S.25.
[87] Vgl.: Grätz, Katharina: Familien-Bande, S.27.
[88] Schiller, Friedrich: Die Räuber, S.35.
[89] ebd. S.42.
[90] Vgl.: Wenzel, Stefanie: Das Motiv der feindlichen Brüder im Sturm und Drang, S.127.
[91] Schiller, Friedrich: Die Räuber, S.43.
[92] ebd. S.51.
[93] ebd. S.52.
[94] Vgl.: Immer, Nikolas: Der inszenierte Held, S.226f.

gesponnene Lüge am Ziel des alleinigen Herrschers angekommen und sein Konflikt getilgt. Allerdings ist sein Erfolg unvollkommen[95], denn der Räuber Karl Moor kehrt, geleitet durch prägnantes Erlebnis, zum väterlichen Schloss zurück. Mit der Rückkehr Karls ist der Umschwung des Konfliktes und der Handlung bereits in vollem Gange und das katastrophale Ende ist abzusehen.[96] Karls Rückkehr löst in Franz, der diesen „trutz seiner Larve" [97] erkennt, eine augenblickliche Verunsicherung über sein weiteres Vorgehen aus, von der er sich jedoch rasch mit neuen Mordplänen gegen den Bruder loslöst. Wieder steht hier sein Bruderhass als treibende Kraft im Hintergrund. Franzens Anschlag scheitert jedoch an dem Beauftragten Diener Daniel, der in dem als Grafen von Brand getarnten Karl seinen alten Herren erkennt und ihn über die Pläne seines Bruders in Kenntnis setzt. Erst jetzt begreift Karl, in welchem Maße sein Bruder Franz ihn und seinen Vater hinters Licht geführt hat:

„Betrogen, betrogen! da fährt es über meine Seele wie der Blitz! – Spitzbübische Künste! Himmel und Hölle! Nicht du, Vater! Spitzbübische Künste! Mörder, Räuber durch spitzbübische Künste! Angeschwärzt von ihm! verfälscht, unterdrückt meine Briefe – voll Liebe sein Herz – oh ich Ungeheuer von einem Thoren – voll Liebe sein Vaterherz – oh Schelmerei, Schelmerei! Es hätte mich einen Fußfall gekostet … Ich hätte glücklich sein können …Oh Bösewicht! unbegreiflicher, schleichender, abscheulicher Bösewicht!" [98]

Karl beschließt daraufhin sofort aufzubrechen, um sich nicht schuldig gegenüber seinem Bruder zu machen. Als er jedoch im nahe gelegenen Wald das Verließ seines Vaters entdeckt und diesen aus dem Hungerturm befreit, erwidert Karl den Hass, den ihm sein jüngerer Bruder seit Beginn des Stückes entgegenbringt, „So zerreis ich von nun an auf ewig das brüderliche Band, (…) So verfluch in jeden Tropfen brüderlichen Bluts im Antliz des offenen Himmels"[99] , der Konflikt ist nun beidseitig begründet.

Karl beauftragt seinen treuen Schweizer mit der Rache seines Vaters, er soll ihm Franz ausliefern. Gleichzeitig geraten Franz Konflikt und seine Selbstkontrolle völlig außer Kontrolle.

---

[95] Vgl.: Wenzel, Stefanie: Das Motiv der feindlichen Brüder im Sturm und Drang, S.129.
[96] Vgl.: Golz, Jochen: Der mäandrische Weg des Karl Moor, S.30.
[97] Schiller, Friedrich: Die Räuber, S.93.
[98] ebd. S.101f.
[99] ebd. S.117.

Er wird, geplagt von Todesgedanken, ausgelöst durch seinen lebhaften Traum vom letzten Gericht, zum „Opfer einer tiefgreifenden seelischen Krise"[100]. Im Dialog mit Pastor Moser, den Franz in die nächtliche Szenerie herbei zitiert hat, ergreift ihn eine immer größere Verunsicherung. Er kann dessen „Pfaffengewäsch"[101] nicht durch seine rationalen Argumente widerlegen

Moser enttarnt Franz Großspurigkeit als seine „Philosophie eurer Verzweiflung"[102] und führt ihm seine Schuld mit den beiden größten Sünden, *„Vatermord heißt die eine, Brudermord die andere..."* [103] vor Augen. Diese Aussage lässt Franz Fassade zusammenbrechen, denn er wägt sich nun im Bewusstsein, die zwei schlimmsten aller Todsünden begangen zu haben. Die Szene gipfelt nun darin, dass Schweizers *„Würgengel"[104]* das Schloss stürmen und Franz sich nach gescheiterten Beterversuchen, *„Ich kann nicht beten ..."[105]* mit seiner Hutschnur selbst erdrosselt. Franz ist dem Konflikt seiner Familie, die den Bruderkonflikt mit Karl impliziert, durch seinen Freitod entflohen, er hat ihn jedoch nicht gelöst. Die Gründe für Franz' Selbstmord liegen in dem Anspruch, den er selbst als Individuum an sich gestellt hat und in seiner Verzweiflung, ausgelöst durch die Gedanken an den Tod und Zweifel des eigenen Gewissens, die ihn übermannt haben.[106] Franz' Bruderhass auf Karl hat von Beginn des Stückes an alle seine Handlungen ausgelöst und angetrieben, er ist sozusagen Motor des Dramas.

Doch auch Karl ereilt die Konsequenz des Bruderzwistes kurz darauf. Der alte Moor stirbt, als er von Franz' Selbstrichtung erfährt und Karl seine Räuberidentität preisgibt. Als Amalia Karl ihre Liebe und Vergebung versichert, er *„den Frieden seiner Seele"[107]* wiedererlangt hat und mit ihr die Bande verlassen will, erinnern ihn die Räuber an seinen Treueschwur in den böhmischen Wäldern. Sie fordern *„Amalia für die Bande"[108]*, woraufhin Karl seine Geliebte auf ihren eigenen Wunsch hin erdolcht.

---

[100] Immer, Nikolas: Der inszenierte Held, S.228-230.
[101] Schiller, Friedrich: Die Räuber, S.125.
[102] Schiller, Friedrich: Die Räuber, S.125.
[103] ebd. S.125.
[104] ebd. S.118.
[105] ebd. S.129.
[106] Vgl.: Sautermacher, Gert: Die Räuber. Ein Schauspiel, Kindlers Literatur Lexikon Online.
[107] Schiller, Friedrich: Die Räuber, S.134.
[108] ebd. S.135.

Mit seinem Opfer, *„Sie ist getroffen (…) Nun, seht doch! habt ihr noch was zu fordern?*
Ihr opfert mir ein Leben auf, (…) ein Leben voll Abscheulichkeit und Schande – ich hab
euch einen Engel geschlachtet."[109], kann sich Karl von der Bande lösen und ist frei.
Die finale Konsequenz des Geschehens, ausgelöst durch Franz' Intrige, ist die Tötung
Amalias durch Karl. Dieser ist bis zum Schluss von der Fehlannahme einer Lösung des
Konflikts geblendet und erkennt erst, als seine Bande ihn an sein Versprechen erinnert,
dass es keinen Ausweg für ihn und seine Geliebte gibt.[110] Der anschließende Entschluss
Karls sich der Hand des Gesetzes auszuliefern, ist die logische Konsequenz seiner
Erkenntnis, *„daß zwey Menschen wie ich den ganzen Bau der sittlichen Welt zugrunde*
richten würden"[111]. Karl gliedert sich durch die eigene Auslieferung,

„Ich erinnere mich einen armen Schelm gesprochen zu haben als ich herüberkam, der
im Taglohn arbeitet und eilf lebendige Kinder hat – Man hat tausend Louisdore geboten,
wer den grossen Räuber lebendig liefert – dem Mann kann geholfen werden"[112],

wieder in die gesellschaftliche Ordnung ein.[113]
Letztendlich hat das maßlose Streben Franzens nach Macht, ausgelöst durch die
Missgunst auf seinen Bruder, zur Eskalation des Bruderkonflikts geführt, welcher in
seiner Auswirkung die gesamte Familie zerstört und zur Katastrophe geführt hat, in der
jeder bis auf Karl den Tod fand.[114]

4. Fazit

Zusammenfassend ist zu sagen, dass besonders das Ende des Stückes noch einmal die
charakterliche Gegensätzlichkeit der beiden Brüder offenbart. Franz wird durch sein
Gewissen eingeholt und der rebellische Karl fällt geläutert in den Schoß der
gesellschaftlichen Ordnung zurück. Die zerrüttete Familie von Moor zeigt exemplarisch
im Kleinen die Probleme einer jeden Gesellschaft:

---

[109] Schiller, Friedrich: Die Räuber, S.136.
[110] Vgl.: Hofmann, Michael: Friedrich Schiller. Die Räuber, S.67.
[111] Schiller, Friedrich: Die Räuber, S.137.
[112] ebd. S.138.
[113] Vgl.: Golz, Jochen: Der mäandrische Weg des Karl Moor, S.37.
[114] Vgl.: Jürgensen, Christoph: Sturm und Drang, S.96.

Subjektivismus, Mangel an Vertrauen, fehlende Liebe, Unehrlichkeit, Missachtung der Menschenrechte sowie Beraubung der eigenen Freiheit. [115]

In meiner Untersuchung bin ich zu dem Schluss gekommen, dass sowohl das enge Verhältnis Karls als auch das distanzierte Verhältnis Franz' zum Vater Moor jeweils die menschliche Beschaffenheit des Sohnes widerspiegelt. Weiterhin ist nicht eindeutig ein Schuldiger für das Auseinanderbrechen der Familie auszumachen. [116] Sowohl der Egoismus der Kinder, als auch die Schwachheit des Vaters lassen die Katastrophe am Ende des Stückes resultieren. Ein weiterer interessanter Aspekt des Stückes ist, dass sein Ende den Anfang einer neuen Geschichte anklingen lässt. [117] Das Thema der Konfrontation des Protagonisten Karl mit seiner Schuldigkeit könnte einen Aspekt für eine fortsetzende Arbeit zu der von mit bearbeiteten Fragestellung ausmachen.

---

[115] Vgl.: Hinderer, Walter: Freiheit und Gesellschaft beim jungen Schiller, S.246-251.
[116] Vgl.: Jürgensen, Christoph: Sturm und Drang. S.103.
[117] Vgl.: Karthaus, Ulrich: Sturm und Drang. Epoche-Werk-Wirkung. S.126.

5. Literaturverzeichnis

Quelle:

SCHILLER, FRIEDRICH: Die Räuber. Ein Schauspiel (1781). Stuttgart: Reclam 2009.

Forschungsliteratur:

BUSCHMEIER, MATTHIAS: Einführung in die Literatur des Sturm und Drang und der Weimarer Klassik. Darmstadt: WBG Verlag 2010.

GOLZ, JOCHEN: Der mäandrische Weg des Karl Moor. Die Räuber. In: Dahnke, Hans-Dietrich, Leistner, Bernd (Hrsg.): Schiller. Das dramatische Werk in Einzelinterpretationen. Leipzig: Reclam 1982.

GRÄTZ, KATHARINA: Familien-Bande. Die Räuber. In: Sasse, Günther (Hrsg.): Schiller. Werk-Interpretationen. Heidelberg: Universitätsverlag Winter 2005.

HINDERER, WALTHER: Freiheit und Gesellschaft beim jungen Schiller. In: Hinck, Walter (Hrsg.): Sturm und Drang. 2. Auflage. Frankfurt am Main: Athenäum Verlag 1989.

HOFMANN, MICHAEL: Friedrich Schiller. Die Räuber. Oldenbourg Interpretationen Band 79. München: Oldenbourg Verlag 1996.

IMMER, NIKOLAS: Der inszenierte Held. Schillers dramenpoetische Anthropologie. Heidelberg: Universitätsverlag Winter 2008.

JÜRGENSEN, CHRISTOPH: Sturm und Drang. Göttingen: Vadenhoeck und Ruprecht 2010.

KAISER, GERHARD: Väter und Brüder. Weltordnung und gesellschaftlich-politische Ordnung in Schillers Werk. Leipzig: Verlag der Sächsischen Akademie der Wissenschaften zu Leipzig 2007.

KARTHAUS, ULRICH: Sturm und Drang. Epoche – Werke - Wirkung. München: Beck Verlag 2007.

SAUTERMEISTER, GERT (2009): Die Räuber. Ein Schauspiel. In: Kindlers Literatur Lexikon Online:
http://web14.cedion.de/nxt/gateway.dll/kll/s/k0617900.xml/k0617900_020.xml?f=templates$fn=index.htm$3.0, zitiert am 27.02.2013.

SAUTERMEISTER, GERT: Die Räuber. Ein Schauspiel (1781). In: Luserke-Jaqui, Matthias (Hrsg.): Schiller- Handbuch. Leben- Werk- Wirkung. Stuttgart: Metzler 2005.

WENZEL, STEFANIE: Das Motiv der feindlichen Brüder im Drama des Sturm und Drang. Frankfurt am Main: Verlag Peter Lang 1993.